VORWORT

Ein Winter ohne Schneeflocken ist möglich – aber nicht annähernd so schön, wie ein Winter mit tausenden tanzenden Flocken. Doch wenn das Wetter uns unsere sehnlichsten Wünsche von weißen Weihnachten nicht erfüllt, legen wir eben selbst Hand und Schere an und erschaffen die wunderbarsten Papier-Schneeflocken im Faltschnitt! In diesem Block findest du alles, was du brauchst, um sofort loszulegen und wunderschöne Schneeflocken für dein Zuhause oder zum Verschenken herzustellen.

Auf 70 Papieren in 14 traumhaften Designs findest du bereits vorgedruckte Falt- und Schnittlinien. So kannst du wie von Zauberhand Schneeflocken in zehn verschiedenen Varianten – von sehr einfach bis anspruchsvoll – falten und ausschneiden. Dekoriere sie einzeln oder in Gruppen und verzaubere deine Familie und Freunde mit dem filigranen Winterschmuck. Nimm Papier und Schere in die Hand und mache dich direkt ans Werk!

GRUNDANLEITUNG

Lege das Faltpapier deiner Wahl vor dich hin. Falte es so an der diagonalen Faltlinie, dass die Motivseite danach innen liegt.

Falte das Dreieck an der mittleren Linie noch einmal auf die halbe Größe. Die Faltlinien sollten dabei außen liegen.

Lege das Dreieck wie abgebildet vor dich hin. Die Seite mit dem Schnittmuster liegt dabei unten.

 Falte zuerst die linke Seite des Dreiecks entlang der vorgegebenen Linie um.

 Danach faltest du die rechte Seite ebenfalls entlang der Faltlinie darüber.

 Wende deine Faltarbeit, sodass nun die Fläche mit dem Schnittmuster vor dir liegt. Schneide zunächst unten die zwei überstehenden Ecken ab. Danach schneidest du die eingefärbten Flächen mit einer Schere aus. Je nach Schwierigkeitsgrad kann es sehr hilfreich sein, zusätzlich zur Schere auch einen Cutter und eine Schneideunterlage zu verwenden.

POLARIS

ENIF

ALUDRA

TEREBELLUM

SIRIUS

CASTOR

VEGA

MIMOSA

KITALPHA

SUPERBA

★☆☆☆

 **ALUDRA**

 # TEREBELLUM

★★☆☆

★★★☆

★★★☆

VEGA

★★★★

WELCHE SCHNEEFLOCKE BEFINDET SICH AUF WELCHEM PAPIER?

Insgesamt findest du hier Falt- und Schnittvorlagen für zehn verschiedene Schneeflocken in den Schwierigkeitsstufen ★☆☆☆ bis ★★★★.
Damit du schnell erkennen kannst, welche Schneeflocke auf welchem Designpapier zu finden ist, hat jede Schneeflocke ihren eigenen Farbcode. Die Falt- und Schnittlinien auf der Rückseite jedes Designpapiers sind in der jeweils entsprechenden Farbe aufgedruckt.

Diese Übersicht zeigt dir, aus welchem Designpapier du welche Schneeflocken falten und schneiden kannst. So kannst du ganz einfach verschiedene Schneeflocken im selben Papierdesign miteinander kombinieren oder verschiedene Papiere nach Belieben zusammenstellen.

POLARIS

ENIF

ALUDRA

TEREBELLUM

SIRIUS

CASTOR

MIMOSA

VEGA

KITALPHA

SUPERBA

ENIF

ALUDRA

TEREBELLUM

SIRIUS

CASTOR

POLARIS

MIMOSA

VEGA

KITALPHA

SUPERBA

POLARIS

ENIF

ALUDRA

TEREBELLUM

SIRIUS

CASTOR

MIMOSA

VEGA

KITALPHA

SUPERBA

POLARIS

ENIF

ALUDRA

TEREBELLUM

SIRIUS

POLARIS

ENIF

ALUDRA

TEREBELLUM

SIRIUS

ENIF

ALUDRA

TEREBELLUM

SIRIUS

CASTOR

POLARIS

MIMOSA

VEGA

KITALPHA

SUPERBA

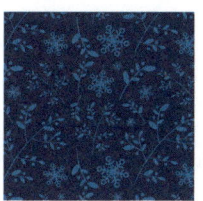

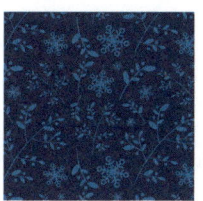

POLARIS

ENIF

ALUDRA

TEREBELLUM

SIRIUS

CASTOR

MIMOSA

VEGA

KITALPHA

SUPERBA

POLARIS

ENIF

ALUDRA

TEREBELLUM

SIRIUS

CASTOR

MIMOSA

VEGA

KITALPHA

SUPERBA

IMPRESSUM

FALT- UND SCHNITTVORLAGEN: Shutterstock (Orange Deer studio)

FOTOS: lichtpunkt. Michael Ruder. Stuttgart (Polaris. Enif. Sirius. Castor):
frechverlag GmbH. Dieselstr. 5. Gerlingen (alle übrigen)

PRODUKTMANAGEMENT UND LEKTORAT: Magdalena Wassen

COVERGESTALTUNG: Melanie Hermann

GESAMTHERSTELLUNG: Katrin Röhlig

SATZ: FSM Premedia GmbH & Co. KG

DRUCK UND BINDUNG: Drukarnia Interak Sp. z o.o.

2. Auflage 2022

© 2022 frechverlag GmbH. Dieselstr. 5. 70839 Gerlingen.
einem Unternehmen der Penguin Random House Verlagsgruppe GmbH. München
ISBN 978-3-7358-5065-2 · Best.-Nr. 25065

Penguin Random House Verlagsgruppe
FSC® N001967

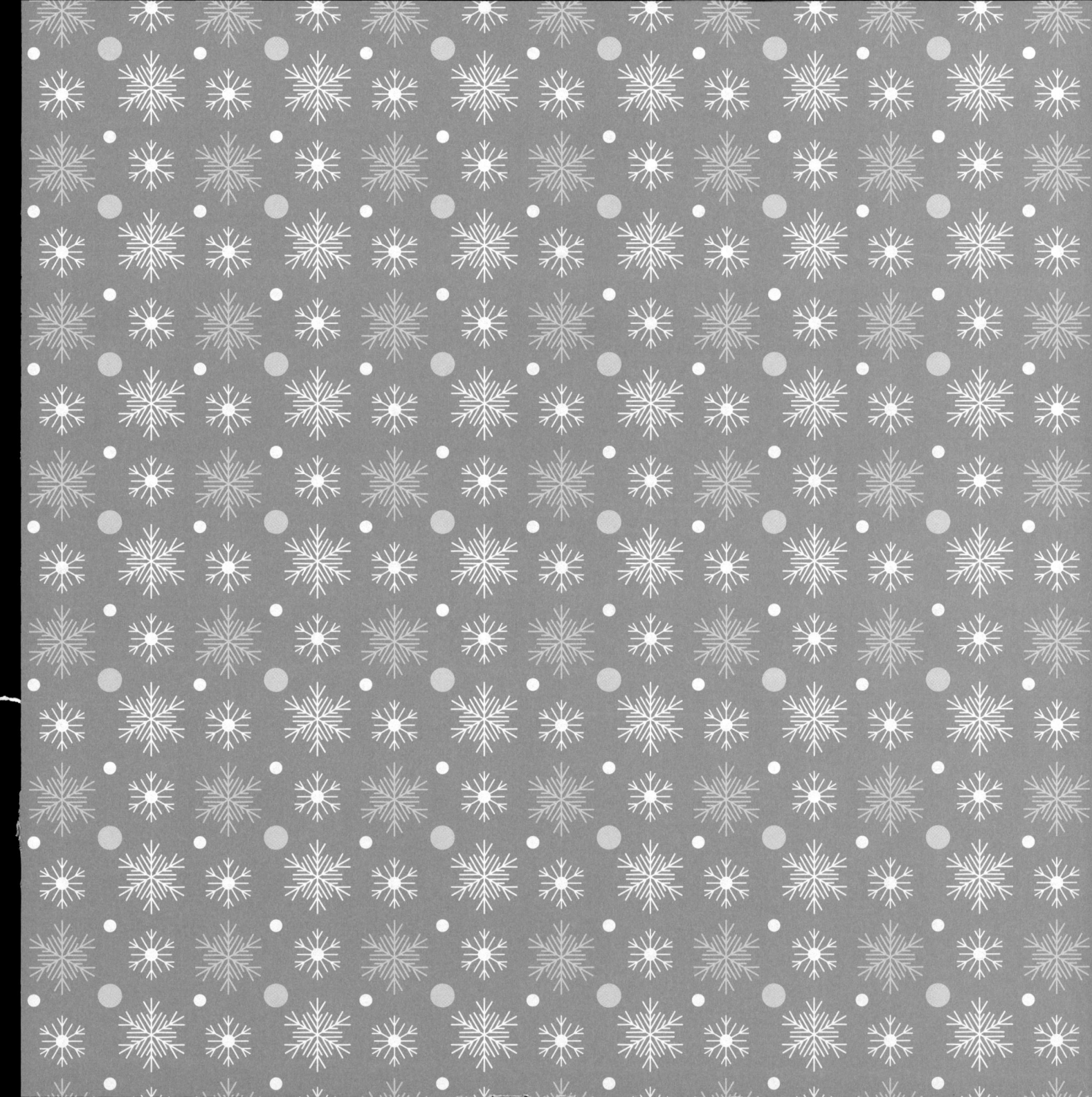